Sylvain Victor

Michel

Das Glück kommt häufig unverhofft

Aus dem Französischen von
Katharina von Savigny

Wir bitten die Sperrfrist 4. Februar 2009 zu beachten.

sanssouci

Michel liebt
Himbeeren.
Und Schäfchenwolken.

Aber Michel hat einfach kein Glück.

Das hat er schon immer gewusst.

Also guckt er sich lieber Schäfchenwolken an und träumt.

Doch beim ersten Regentropfen läuft er los, um Schutz zu suchen.

Zu spät. Die ganze Bagage ist schon da.

Michel hat's ja gewusst: Er hat einfach kein Glück.

So ist es auch im Winter.

Michel hat's ja gewusst: Er hat einfach kein Glück.

So ist es auch im Winter.

Wenn er in Ruhe auf dem gefrorenen Teich eislaufen möchte, ...

ist die ganze Bagage schon wieder da.

Michel hat's ja gewusst: Er hat einfach kein Glück.

Ob's regnet,
schneit oder weht:
Die andern halten sich
für besonders clever.

Aber sie kennen Michels geheimen Unterschlupf nicht.

Mist, da kommt Stephan, der Hund! Vor dem lässt sich nichts verheimlichen.

Stephan sorgt immer für Ordnung.

Michel hat's ja gewusst: Er hat einfach kein Glück.

Oh! Himbeeren!

Ah, köstlich!

Bloß keine übrig lassen.

Die werden alle aufgegessen.

He! Wo ist denn jetzt die ganze Bagage?

Michel hat's ja gewusst: Er hat einfach kein Glück.

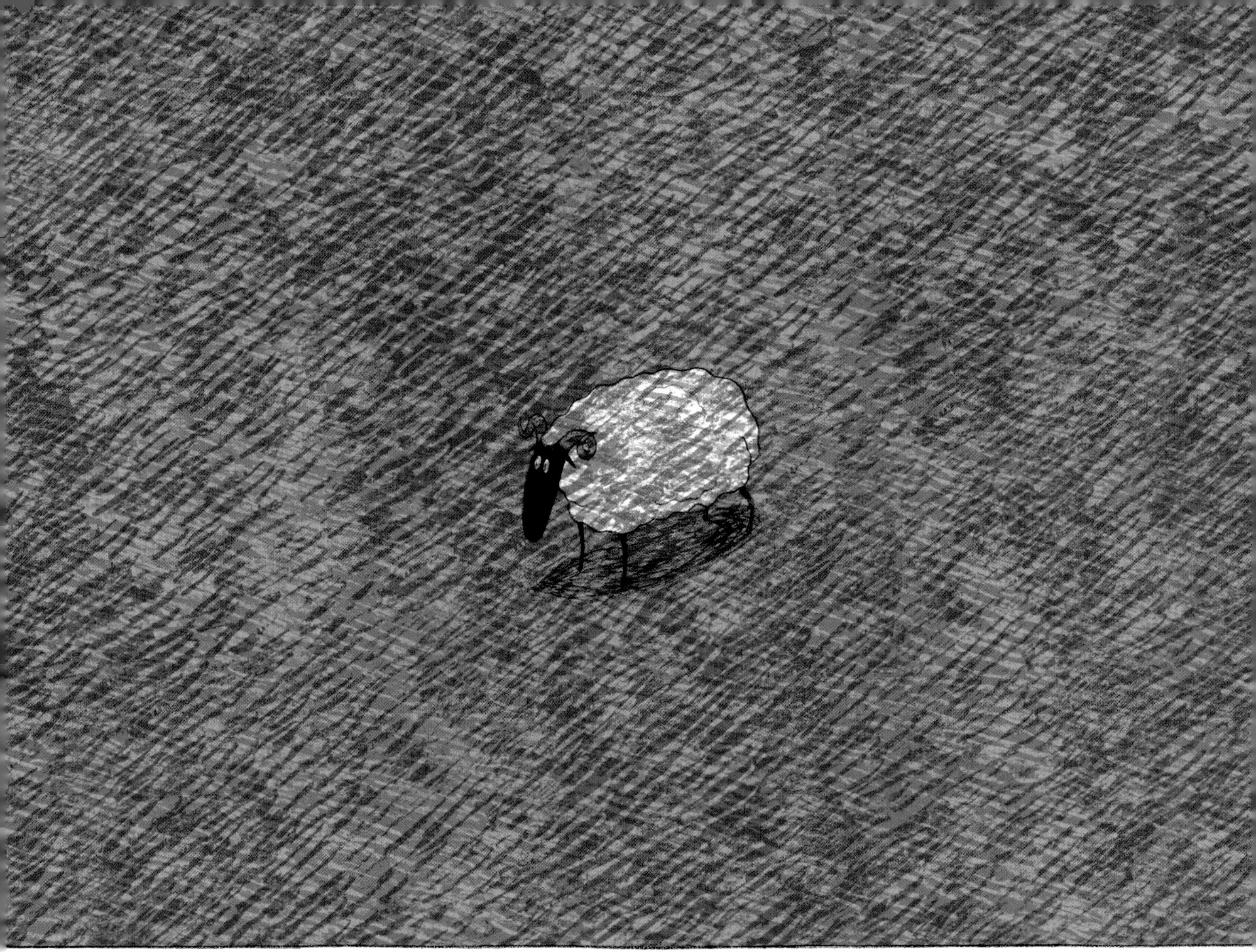

Jetzt kommt die Nacht.

Und wenn es finster wird ...

Ah, ein Schaf! Mhmm, wie gut das riecht!

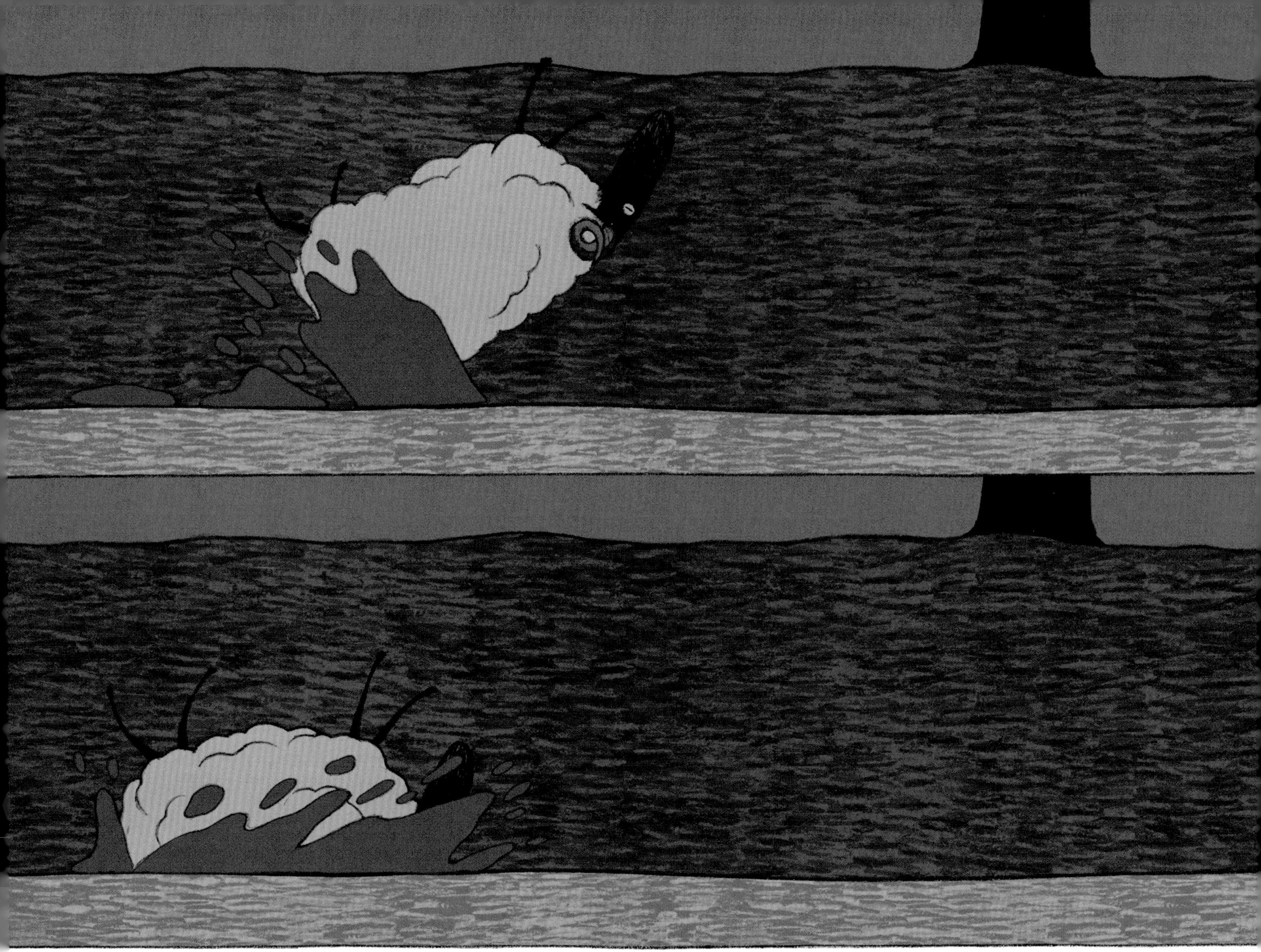

Ein Kuhfladen auf dem Weg – natürlich wie gemacht für Michel.

Bah! Wie das stinkt!

Michel hat's ja schon immer gewusst: Er hat einfach kein Glück.

Schäfchenwolke, was machst du denn hier?

Oh, du bist ja ein richtiges Schäfchen!

Was dachtest du denn?

Sieh mal, ich hab Himbeeren gefunden, magst du Himbeeren?

Ich liebe sie!

Übrigens, ich bin Hanna. Und wie heißt du?

Michel, sagt Michel, der eins ganz sicher weiß:

Er mag Hannas Himbeeren.

So einfach ist Glück.

Unser gesamtes lieferbares Programm und
viele andere Informationen finden Sie unter
www.sanssouci-verlag.de

1 2 3 4 5 13 12 11 10 09

ISBN 978-3-8363-0154-1
Die Originalausgabe ist erschienen bei Éditions Thierry Magnier, Paris:
Michel le mouton qui n'avait pas de chance.
Einbandgestaltung: Birgit Schweitzer, München,
unter Verwendung eines Motivs von Sylvain Victor
Satz im Verlag
Druck und Bindung: Sachsendruck, Plauen
Printed in Germany